novum pro

AF146775

Marion Joch

Samtige Nacht

❦

Eine Auswahl lyrischer Texte

novum pro

www.novumverlag.com

Bibliografische Information
der Deutschen Nationalbibliothek:

Die Deutsche Nationalbibliothek
verzeichnet diese Publikation in
der Deutschen Nationalbibliografie.
Detaillierte bibliografische Daten
sind im Internet über
http://www.d-nb.de abrufbar.

Alle Rechte der Verbreitung,
auch durch Film, Funk und Fernsehen,
fotomechanische Wiedergabe,
Tonträger, elektronische Datenträger
und auszugsweisen Nachdruck,
sind vorbehalten.

© 2016 novum Verlag

ISBN 978-3-99048-384-8
Lektorat: Katja Wetzel
Umschlagfoto:
Oksana Vikhrova | Dreamstime.com
Umschlaggestaltung, Layout & Satz:
novum Verlag

Gedruckt in der Europäischen Union
auf umweltfreundlichem, chlor- und
säurefrei gebleichtem Papier.

www.novumverlag.com

Inhaltsverzeichnis

Verwunschen	7
Sternschnuppen	8
Unwiederbringlich	9
Lichtstrahl	10
Sonnentod	11
Mondlicht	12
Sommerwiese	13
Horizont	14
Verloren	15
Morgengrauen	16
Eiskristall	17
Frostiger Hauch	18
Blütentraum	19
Erinnerung	20
September	21
Winter	22
Traumland	23
Danke	24
Hochzeit	25
Findelkind	26
Bärli	27
Wintersee	28
Lichternacht	29
Weihnachten	30
Goldener Schlitten	31

Verwunschen

Verschlung'ne Pfade führen hin –
ins wuchernd' wilde Rosenland,
verträumte Knospen öffnen zart
ihr rotes Kleid im Morgenglanz.

Ihr Schritt so leicht auf Blütenwolken –
Torbögen streifend voller Dolden,
murmelndes Rauschen der Brunnengötter,
ruhendes Schloss hinter Efeublättern.

Goldene Löwen auf Perlmuttsteinen,
spielendes Licht zwischen schimmernden Säulen.
Auf weißen Stufen ein anmutig' Wesen,
das plötzlich verschwindet –
wie nie da gewesen.

Sie reckt den Kopf, doch er ist fort –
ihr verwunsch'ner Zauberort:
Wasserschloss und Rosenreich
versunken sind im Meer der Zeit.

Sternschnuppen

Schwebende Flöckchen im Sog der Laternen,
wolkige Daunen auf Dächern unter Sternen.
Kinderlachen erschallt zwischen Buden,
Glühwein, Zimt und Mandeln duften.

Ballerinen tanzen auf klingenden Uhren,
hölzerne Pferdchen wippen im Kreis.
Die Sehnsucht der Menschen wird neu geboren,
wie Sternschnuppenregen auf ewigem Eis.

Unwiederbringlich

Schon fast kahle Äste ragen
in des Herbstes letzte Bläue.
Dürre Blätter rascheln leise
über graue Asphaltsteine.

Vögel zwitschern in der Höhe,
ziehen ihre letzten Kreise.
Windes Braut erbarmt sich ihrer,
nimmt sie mit zur Sonnenreise.

Am End' des Weges steht verlassen
die grüne Parkbank unter'm Baum.
Sie träumte oft in ihrem Schatten
vom einst'gen lichtdurchwirkten Raum.

Sah die Mutter wieder wandeln
mit einer Rose in der Hand.
Den Blick gerichtet in die Ferne,
ins wunderbare Jenseitsland.

Lichtstrahl

An gedrung'nen, schweren Mauern
Finger tasten sich empor,
einen Lichtstrahl zu erhaschen,
den der Mond im Flug verlor.

Dunkle Schatten hüpfen, tanzen
an den Wänden einen Reigen,
schrille Schreie aus den Grüften
ihr Gehirn wie Messer schneiden.

In des Kerkers finst'rer Tiefe
schlägt das Herz ihr bis zum Hals,
als ihr Name in den Gängen
von den Steinen widerhallt.

Knarrend öffnet sich die Türe
und der Henkersknecht erscheint,
spricht mit bittersüßer Miene:
„Du bist unschuldig und frei."

Sonnentod

Im blutenden Licht des schwellenden Sterns
das Land im Feuerschweif sich bäumt,
die blauen Tiefen brodeln schwer,
das Höllenwasser zum Himmel schäumt.

Im einst'gen grünen Tal der Welt,
wo Leben sich stets neu erfand,
erwächst aus schiefergrauem Stein
nur noch ein heulend' Meer aus Sand.

Die riesige Sonne verschlingt ihre Brut,
erloschen das Leben, vergangen die Glut.
Als Weißer Zwerg ihr Ende naht,
ein letzter Blitz durchzuckt die Nacht.

Mondlicht

Alle Lieb' ich verloren hab',
es blieb nur das dunkle Grab.
Auf dem kalten Stein sich mein Haar ergießt,
eine Träne hinunterfließt.

Silbrig das Mondlicht auf dem Marmor aufblinkt:
Dort, wo nun liegt mein einziger Ring,
den du mir gabst vor dreitausend Jahr'n,
als wir noch unsäglich glücklich war'n.

Sommerwiese

Einsam in des Waldes Tiefe
liegt auf einer kleinen Wiese,
zwischen langen, grünen Stängeln,
die sich ganz geschmeidig wiegen
in des Sommerwindes Brise
und in duftend roten Blüten,
samtig leuchtend wie die Liebe,
ein junges Mädchen
– unschuldsvoll –.

Haar, das hell wie Seide schimmert,
ein Korallenmund, der nicht mehr wimmert,
Augen, die einst glänzten wie Topas,
blicken in des Himmels Leere,
als ob nichts geschehen wäre.

Horizont

Grüne Steinchen blitzen am Lavastrand,
Wellen mit schimmernden Kronen
zieh'n mich in ihren Bann.
Meeresrauschen dringt an mein Ohr,
dein Lächeln so fern –
nichts wird sein wie zuvor.

Züngelndes Wasser
meine Füße umschmeichelt,
glucksend höhlt es den Sand unter mir.
Woge für Woge mich hinausgeleitet,
bis sich die Sonne im Horizont verliert.

Verloren

Einmal noch spür' ich die Strahlen
warm und lieblich auf der Haut,
Segelflieger, leicht wie Drachen,
steigen auf ins Märchenblau.

Einmal noch die Blätterfinger
neigen sich herab ganz sanft,
berühren zärtlich meine Wangen –
mir ist, als hätt' ich dich erkannt.

Aus dem Schleier sich erhebend,
der so lang den Blick verwehrt,
Burgen Kronenzinnen schweben
auf Hügeln, die so grün und schwer.

Einmal noch ich kann ihn schauen:
Fluss in rot getupftem Tal.
Verlor'ner Garten meiner Jugend,
blühst nun wieder, immerdar.

Morgengrauen

In einer lauen Sommernacht
hat sich ihr Liebster umgebracht.
Kein Abschiedsbrief ihr Klarheit schenkt,
die Glieder liegen ganz verrenkt.

Der Asphalt blutet im Morgenlicht,
sie beugt sich über sein Gesicht.
Haucht seinen Namen auf die kalten Lippen,
die Donnerwolken dumpf verklingen.

Ein Schrei entringt sich ihrer Brust,
sie taumelt, strauchelt auf der Flucht.
Im Fallen noch das Schattenreich
ihr sein düst'res Antlitz zeigt.

Eiskristall

Des Herbstes Bunt ist längst verklungen,
das Land in Puderweiß getaucht.
Von eis'gem Sonnenschein durchdrungen,
entschwindet Erdes Lebenshauch.

Gedämpftes rot-oranges Licht
verliert sich still im Dämmerwald.
Wie Sternlein blinkt der Eiskristall
in meinem Herzen, rein und kalt.

Frostiger Hauch

Äste aus Eis spiegeln den Sternenglanz,
frostiger Hauch klirrend ertönt im Tann'.
Erfrorener See schmiegt sich still in die Nacht,
verloren des Gipfels steinerne Macht.

Kleine Pfötchen tapsen im Schnee,
geschundene Knochen tun so weh.
Warum nur wurde es fortgejagt?
Niemand nach seinem Schicksal fragt.

Die letzte Mahlzeit – wie lang ist es her?
Der warme Ofen – es sehnt sich so sehr.
Die grünen Augen im Dunkeln erstrahlen,
niemand sieht seine endlosen Qualen.

Zitternd es stolpert und fällt so weich,
die Flöckchen tanzen feengleich.
In der Ferne erklingt nun Mutters Ruf:
„Miau, miau, es wird alles gut!"

Ein leises Schnurren entringt sich der Brust,
die Himmelsbotin schenkt ihm den Kuss.
Weiß, so weiß leuchtet
sein Deckchen aus Eis.

Blütentraum

Wenn betörender Duft die Sinne verführt
und der Lebenshauch das Land berührt,
erwacht die Natur aus tiefem Schlaf,
schenkt erfrorener Seele neue Kraft.

Forsythien leuchtend gelb erblüh'n,
Narzissen lugen aus jungem Grün,
Kirschblütenträume in Rosa und Weiß
öffnen das Fenster zur Kinderzeit.

Vogelgesang ertönt ringsumher,
vergessen des Winters eisiges Begehr:
Der Griff zum Herzen mit kalter Hand –
vom ersten Sonnenstrahl verbannt.

Erinnerung

Nun wart ihr zu Besuch bei mir,
und ich euch herzlich dank' dafür.
Die Gipfel hinter meinem Schloss
sind steil und auch ein wenig schroff.

Doch der Bergsee zu euren Füßen
spiegelte das Sonnenlicht,
um euch zu grüßen.
Wir wanderten am See entlang,
und da gabt ihr mir eure Hand.

Und später dann im Kabinett
wir drehten uns im Kreise.
Die Schuhe klapperten auf dem Parkett,
und das Spinett ertönte leise.

Doch ein Geheimnis euch umgibt,
so sagt mir, wo ihr denn verbliebt?
Ich drehte mich nur kurz herum,
da wart ihr fort,
und es blieb nur Erinnerung.

Ein magisch' Licht
waberte sanft im Raum,
doch das war nur ein Augenblick –
gleich wie ein Traum.

September

Rostrote Kronen
bauschen sich im Wind
– glockenblumengleich –
Blätter zwirbeln bedächtig herab
– gelb und federleicht –.

Aus Igelhüllen springen
pralle Kastanien.
Libellen, glasblau,
tanzen auf Wasseroasen.

Puppenhäuschen hinter
grünen Schilfwedeln
wollen noch einmal
dem Sommer begegnen.

Winter

Das Eis, es hängt
in langen Splittern
vom Eingang meines
Winterzimmers.

Das Licht sich bricht
und lässt es gleißen,
die Farben wollen
mein Herz zerreißen.

Tropf, tropf – tönt es
in meinem Kopf,
der Winter schleicht
sich leise fort.

Traumland

Mohn – wie Blutstropfen im Feld erglüht,
der Erde Schlaf war noch so süß.
Die Hoffnung trug mich lachend fort,
der Schrecken wohnte andernorts.

Schwebe herab aus samtener Nacht,
du Traumland meiner Kinderzeit.
Ich wollt', ich wäre nie erwacht
in Kerkers finst'rer Einsamkeit.

Danke

Ganz herzlich Danke möchte ich sagen
für dieses Band, das du gereicht
mir hast in ach so schweren Tagen,
und das Freundschaft heißt.

So wünsch' ich dir auf allen Wegen
viel Glück und holden Sonnenschein.
Eine geheime Tür in meinem Herzen
wird immer für dich offen sein.

Hochzeit

Auf Alabasterstufen zarter Schleier weht,
zwei Sternenkinder werden heut' vermählt.
Der Herzen stilles Glück vereint,
keine böse Macht kann sie entzwei'n.

Bunte Blumen werden für euch gestreut,
den Treueschwur ihr niemals bereut.
Der Engel der Liebe seine Schwingen ausbreitet
und euch auf allen Wegen begleitet.

Findelkind

Einst im Garten war erschienen:
Pepi, den nun alle liebten.
Außer Bärli, das 'mal grollte,
aber Pepi niemals schmollte.

Warst so dankbar und so sanft,
schnurrtest laut und warst entspannt,
auf der Wiese unter'm Baum
erschien das Leben wie im Traum.

Unser kleines Findelkind,
das wir so ins Herz geschlossen,
geh' nun zu den Sternen hin
auf den Himmelsleitersprossen.

Bärli

Bärli, unser Sonnenschein,
du warst uns wie ein Kind.
So ungewöhnlich klug und stark,
dein Fell so weich und dicht.

So gehe nun in Frieden,
du kleiner Zauberbär.
Wir werden dich ewig lieben,
vermissen dich so sehr.

Wintersee

Sanft im Mondlicht schimmert das Eis
auf uns'rem Wintersee,
und die Tannen breiten aus
ihre Arme unter'm Schnee.

Kleine Feen in weißen Röckchen
tanzen sacht durch die Nacht
und verzaubern unser'n See
mit ihrer Glitzerpracht.

Lichternacht

Ich hab' an dich gedacht
in uns'rer Lichternacht.

Vor den Eisrosenscheiben
beginnt das Dunkel zu leuchten.
Dringt wie ein heller Stern
zu dir in weiter Fern'.

Ich schick' mein Herz auf Reisen,
uns're Seelen zu vereinen.

Weihnachten

Mein geliebtes Weihnachtskind,
der Weg so weit,
führt nirgends hin.

Und mein Herz ist immer fort,
bei dir, bei dir
an diesem fernen Ort.

Am Horizont ein Lichtschweif sich erhebt,
die dunkle Welt im Flockenkleide schwebt.
Und die Glöcklein leise singen,
soll'n dir Glück und Freude bringen.

Goldener Schlitten

Weihnachten ist nicht mehr fern,
über weißen Wipfeln schwebt ein Stern.
Wärmt in kalter Winternacht
unser Herz mit seiner Pracht.

Und vier grüne Augen leuchten
hinter eisbedeckten Scheiben.
Gold'ner Schlitten fährt vorüber,
uns das Friedensband zu reichen.

Die Autorin

Marion Joch wurde 1956 in Coburg geboren. Nach der Mittleren Reife machte sie eine Ausbildung zur Versicherungskauffrau, anschließend war sie als Schadensachbearbeiterin bei einer Versicherung tätig. 1981 heiratete sie und zog nach Isny, 1984 folgte der Umzug nach Berlin. Von 1985 bis 1995 arbeitete sie als Sekretärin in der medizinischen Abteilung einer Klinik. Heute widmet sie sich dem Haushalt, dem Garten und ihren vielen Hobbys – sie liest gerne und interessiert sich sehr für Geschichte, insbesondere das antike Ägypten, sowie naturwissenschaftliche Themen. Gedichte schreibt sie seit 2000, dieses Buch ist ihre erste Veröffentlichung.

Der Verlag

novum VERLAG FÜR NEUAUTOREN

> „Wer aufhört
> besser zu werden,
> hat aufgehört
> gut zu sein!

Basierend auf diesem Motto ist es dem novum Verlag ein Anliegen neue Manuskripte aufzuspüren, zu veröffentlichen und deren Autoren langfristig zu fördern. Mittlerweile gilt der 1997 gegründete und mehrfach prämierte Verlag als Spezialist für Neuautoren in Deutschland, Österreich und der Schweiz.

Für jedes neue Manuskript wird innerhalb weniger Wochen eine kostenfreie, unverbindliche Lektorats-Prüfung erstellt.

Weitere Informationen zum Verlag und
seinen Büchern finden Sie im Internet unter:

w w w . n o v u m v e r l a g . c o m

Bewerten Sie dieses Buch auf unserer Homepage!

www.novumverlag.com